okul - sakola	2
seyahat - lalampahan	5
ulaşım - transportasi	8
şehir - kota	10
arazi - pamandangan	14
restoran - restoran	17
süpermarket - supermarkét	20
içecekler - inuman	22
yemek - dahareun	23
çiftlik - pertanian	27
ev - imah	31
oturma odası - rohang tamu	33
mutfak - dapur	35
banyo - kamar ibak	38
çocuk odası - kamar budak	42
kıyafet - acuk	44
ofis - kantor	49
ekonomi - ékonomi	51
meslekler - pagawéan	53
aletler - alat	56
müzik enstrümanı - alat musik	57
hayvanat bahçesi - kebon binatang	59
sporlar - olahraga	62
etkinlikler - aktivitas	63
aile - kulawarga	67
vücut - awak	68
hastane - rumah sakit	72
acil - darurat	76
dünya - Bumi	77
saat - jam	79
hafta - minggu	80
yıl - taun	81
şekiller - bentuk	83
renkler - warna-warna	84
zıt anlamlılar - sabalikna	85
sayılar - angka-angka	88
diller - basa-basa	90
kim / ne / nasıl - saha / naon / kumaha	91
nerede - di mana	92

Impressum
Verlag: BABADADA GmbH, Nedderfeld 112 , 22529 Hamburg
Geschäftsführer / Verlagsleitung: Harald Hof
Druck: Books on Demand GmbH, In de Tarpen 42, 22848 Norderstedt

Imprint
Publisher: BABADADA GmbH, Nedderfeld 112 , 22529 Hamburg, Germany
Managing Director / Publishing direction: Harald Hof
Print: Books on Demand GmbH, In de Tarpen 42, 22848 Norderstedt

okul
sakola

- sınıf / rohang kelas
- böl / bagi
- tahta / papan
- okul bahçesi / pakarangan sakola
- öğretmen / guru
- kağıt / kertas
- yazmak / nyerat / nulis
- kalem / kalam
- masa / méja gawé
- cetvel / jidar
- kitap / buku
- öğrenci / murit

okul çantası
tas sakola

kalemlik
wadah potlot

kurşun kalem
potlot

kalem açacağı
rautan potlot

silgi
pamupus

çizim defteri
kertas gambar

çizim
gambar

resim fırçası
kuas cét

boya kutusu
kotak cét

makas
gunting

tutkal
lém

alıştırma kitabı
buku latihan

ödev
péér

sayı
angka

ekle
nambahkeun

çıkar
kurang

çarp
kali

hesapla
ngitung

harf
surat

alfabe
alpabét

kelime
kecap

okul - sakola

  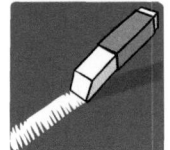

metin	okumak	tebeşir
téks	maca	kapur

 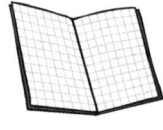 

ders	kayıt	sınav
palajaran	daptar	ujian

sertifika	okul forması	eğitim
sértipikat	saragam sakola	atikan

ansiklopedi	üniversite	mikroskop
énsiklopédi	univérsitas	mikroskop

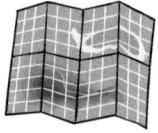 

harita	kağıt çöp kutusu
peta	wadah runtah

okul - sakola

seyahat
lalampahan

otel
hotél

pansiyon
hostél

döviz bürosu
kantor pertukaran mata uang

bavul
koper

otomobil
mobil

dil
basa

evet / hayır
muhun / henteu

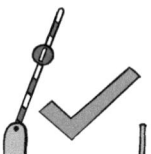

Tamam
oké

merhaba
hei

çevirmen
panarjamah

Teşekkür ederim
hatur nuhun

bu ... ne kadar?
sabaraha hargana...?

anlamadım
abdi teu ngartos

problem
masalah

İyi akşamlar!
Wilujeng wengi!

Günaydın!
Wilujeng siang!

İyi geceler!
Wilujeng wengi!

güle güle
mugi patepang deui

yön
arah

bagaj
bagasi

çanta
kantong

sırt çantası
ransel

misafir
tamu

oda
rohang

uyku tulumu
kantong saré

çadır
tenda

turist danışma
informasi wisata

sahil
pantai

kredi kartı
kartu krédit

kahvaltı
sarapan

öğle yemeği
dahar beurang

akşam yemeği
dahar peuting

Bilet
tikét

asansör
lift

pul
perangko

sınır
wates

gümrük
cukai

elçilik
kedutaan

vize
visa

pasaport
paspor

seyahat - lalampahan

ulaşım
transportasi

uçak
kapal terbang
gemi
parahu motor
yangın söndürme pompası
mobil pemadam kebakaran
otobüs
beus
kamyon
treuk
motorlu tekne
parahu motor
bisiklet
sapeda
otomobil
mobil

feribot

kapal féri

bot

parahu

motosiklet

sapeda motor

polis arabası

mobil pulisi

yarış arabası

mobil balap

kiralık araba

mobil nyéwa

ortak araba
mobil babarengan

çekici
treuk dérék

çöp kamyonu
treuk runtah

motor
motor

yakıt
bahan bakar

benzinlik
bénsin

trafik işareti
tanda lalulintas

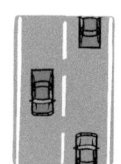

trafik
lalulintas

trafik sıkışıklığı
macét

otopark
parkir mobil

tren istasyonu
stasiun karéta

ray
trék

tren
karéta api

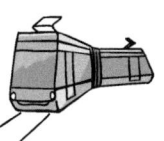

tramvay
tram

vagon
garobag

ulaşım - transportasi

helikopter
hélikopter

havaalanı
bandara

kule
munara

yolcu
panumpang

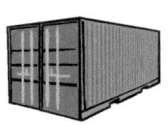
konteyner
konténer

koli
karton

yük arabası
troli

sepet
karanjang

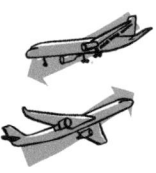
kalkış / iniş
terbang / landas

şehir
kota

köy
kampung

şehir merkezi
tengah kota

ev
imah

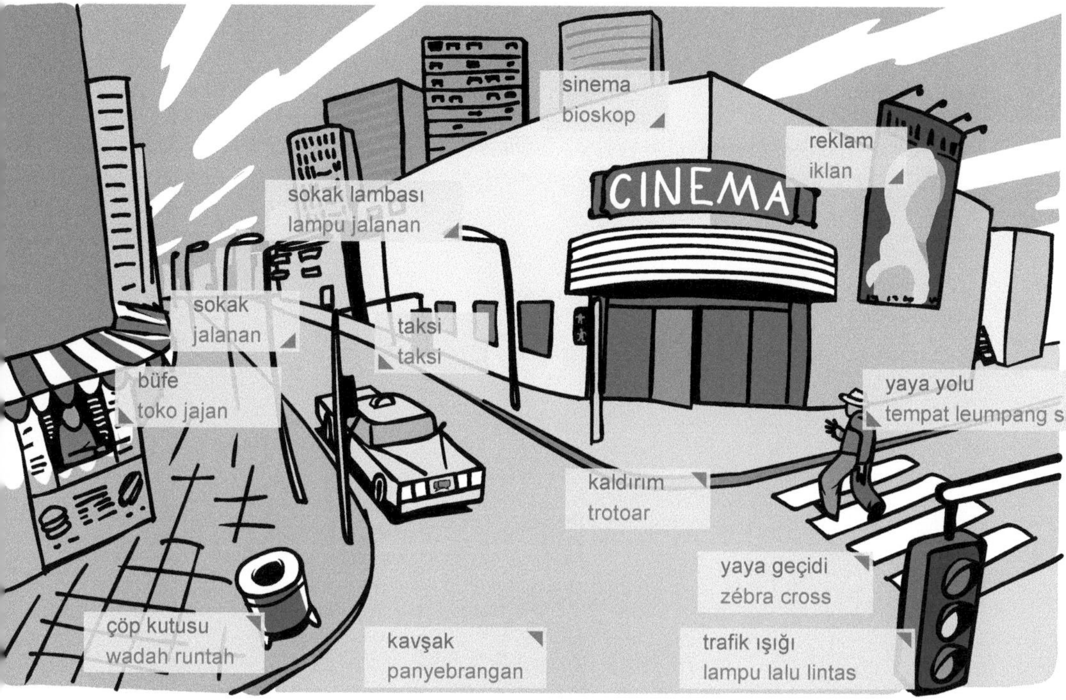

sinema
bioskop

reklam
iklan

sokak lambası
lampu jalanan

sokak
jalanan

taksi
taksi

büfe
toko jajan

yaya yolu
tempat leumpang sis

kaldırım
trotoar

yaya geçidi
zébra cross

çöp kutusu
wadah runtah

kavşak
panyebrangan

trafik ışığı
lampu lalu lintas

kulübe
gubuk

apartman dairesi
imah flat

tren istasyonu
stasiun karéta

belediye binası
balai kota

müze
museum

okul
sakola

şehir - kota

üniversite
univérsitas

banka
bank

hastane
rumah sakit

otel
hotél

eczane
farmasi

ofis
kantor

kitapçı
toko buku

mağaza
toko

çiçekçi
toko kembang

süpermarket
supermarkét

market
pasar

büyük mağaza
swalayan

balık satıcısı
nalayan

alışveriş merkezi
pusat balanja

liman
palabuan

şehir - kota

park
kebon

bank
korsi

köprü
sasak

merdiven
tangga

metro
kareta bawah tanah

tünel
torowongan

otobüs durağı
halte beus

bar
bar

restoran
restoran

posta kutusu
kotak surat

sokak tabelası
tanda jalan

otopark sayacı
meteran parkir

hayvanat bahçesi
kebon binatang

yüzme havuzu
kolam renang

cami
masigit

şehir - kota

çiftlik	kirlilik	mezarlık
pertanian	polusi	kuburan

kilise	oyun alanı	tapınak
gareja	tempat ulin	pura

arazi
pamandangan

- yaprak / daun
- yön tabelası / panunjuk arah
- yol / jalanan
- çayır / ladang jukut
- taş / batu
- ağaç / tangkal
- yürüyüşçü / tukang leumpang
- ırmak / susukan
- çimen / jukut
- çiçek / kembang

vadi
lengkob

tepe
bukit

göl
tasik

orman
leuweung

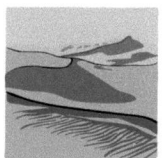
çöl
gurun

volkan
gunung marapi

kale
karaton

gökkuşağı
katumbiri

mantar
suung

palmiye
tangkal palem

sivrisinek
reungit

sinek
laleur

karınca
sireum

arı
nyiruan

örümcek
lamat lancah

arazi - pamandangan

böcek
nyiruan

kurbağa
bangkong

sincap
bajing

kirpi
landak

yabani tavşan
kalinci

baykuş
bueuk

kuş
manuk

kuğu
soang

yaban domuzu
bagong

geyik
kijang

geyik
kijang

baraj
bendungan

rüzgar türbini
turbin angin

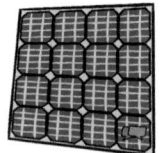

güneş paneli
panél surya

iklim
iklim

arazi - pamandangan

restoran
restoran

- garson / badega
- menü / menu
- sandalye / korsi
- çorba / sop
- pizza / pitsa
- masa örtüsü / taplak
- çatal - bıçak / parkakas dahar

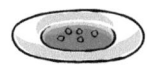

başlangıç
hidangan pembuka

ana yemek
hidapan utama

tatlı
hidangan penutup

içecekler
inuman

yemek
dahareun

şişe
botol

fastfood
dahareun cepat saji

sokak yemeği
jajanan sisi jalan

çaydanlık
téko téh

şekerlik
wadah gula

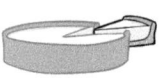
porsiyon
porsi

espresso makinesi
mesin éspréso

mama sandalyesi
korsi jangkung

fatura
tagihan

tepsi
baki

bıçak
péso

çatal
garpu

kaşık
séndok

çay kaşığı
séndok téh

servis peçetesi
serbét

bardak
gelas

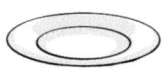

tabak	çorba kasesi	fincan altlığı
piring	mangkok sop	pisin

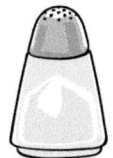

sos	tuzluk	karabiber değirmeni
saos	wadah uyah	panggiling pedes

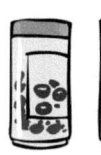

sirke	yağ	baharat
cuka	minyak	bumbu

ketçap	hardal	mayonez
saos tomat	mustard	mayonés

restoran - restoran

süpermarket

supermarkét

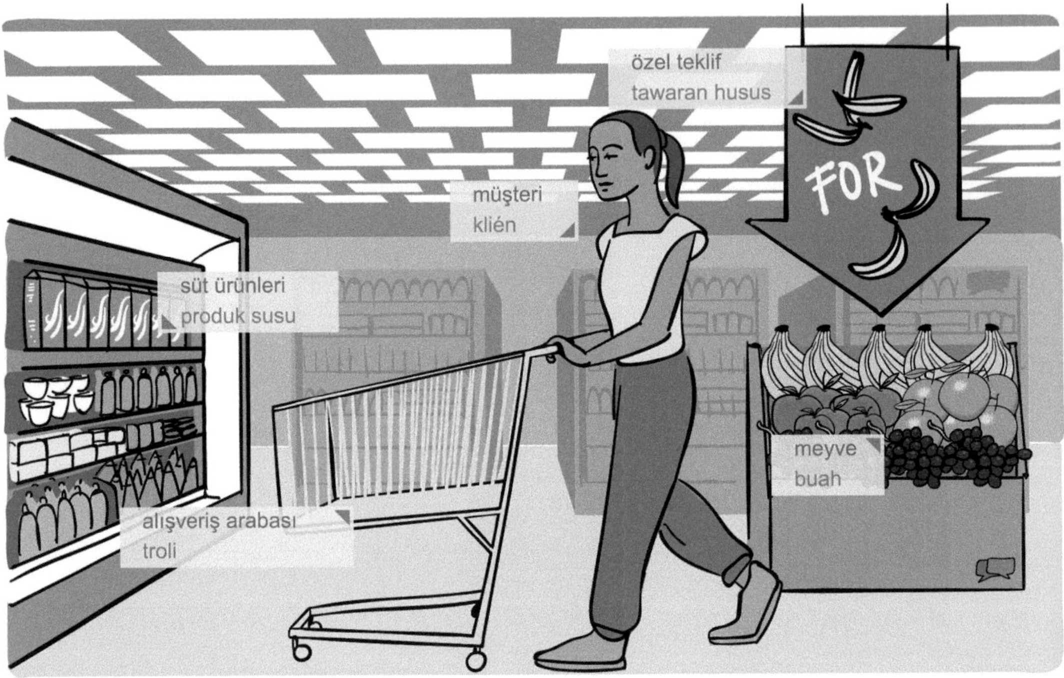

FOR
özel teklif
tawaran husus
müşteri
klién
süt ürünleri
produk susu
meyve
buah
alışveriş arabası
troli

BUTCHERS

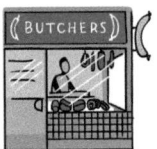

kasap

tukang meuncit

BAKERY

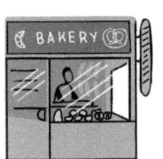

fırın

toko roti

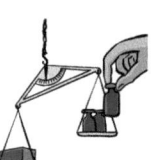

tartmak

nimbang

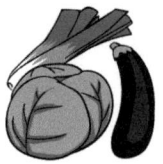

sebze

sayur

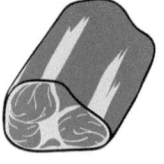

et

daging

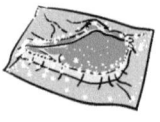

donmuş gıda

tuangeun beku

söğüş et
alat potong daging

konserve yiyecek
dahareun kaléng

toz deterjan
sabun serbuk

şekerlemeler
permén

ev temizlik ürünleri
perkakas rumah tangga

temizlik ürünleri
produk pembersih

satış görevlisi
tukang jualan

yazar kasa
kasa

kasiyer
kasir

alışveriş listesi
daftar balanja

açılış saatleri
jam buka

cüzdan
dompét

kredi kartı
kartu krédit

çanta
kantong

plastik poşet
kantong palastik

süpermarket - supermarkét

içecekler
inuman

su
cai

meyve suyu
jus

süt
susu

kola
kola

şarap
anggur

bira
arak

alkol
arak

kakao
coklat

çay
téh

kahve
kopi

espresso
éspréso

kapuçino
kapucino

yemek
dahareun

muz
pisang

elma
apel

portakal
jeruk

kavun
samangka

limon
lémon

havuç
wortel

sarımsak
bawang bodas

bambu
awi

soğan
bawang bombai

mantar
suung

çerez
suuk

makarna
emih

spagetti	pirinç	salata
spagéti	sangu	salat

cips	patates kızartması	pizza
kentang goréng	kentang goréng	pitsa

hamburger	sandviç	şinitzel
hamburger	roti lapis	sakeureut daging

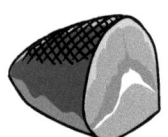  

pastırma	salam	sosis
ham	salami	sosis

tavuk	rosto	balık
hayam	ngagoreng	lauk

yemek - dahareun

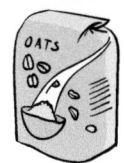

yulaf ezmesi
bubur gandum

müsli
séréal

mısır gevreği
cornflakes

un
tarigu

kruvasan
croissant

küçük ekmek
roti

ekmek
roti

tost
roti panggang

bisküvi
biskuit

tereyağı
mantéga

kaymak
dadih

kek
kuéh

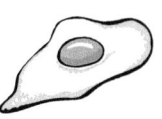
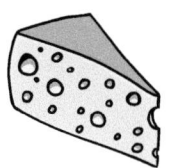

yumurta
endog

sahanda yumurta
goréng endog

peynir
keju

dondurma
eskrim

şeker
gula

bal
madu

reçel
selé

fındık ezmesi
krim coklat

köri
karé

yemek - dahareun

çiftlik
pertanian

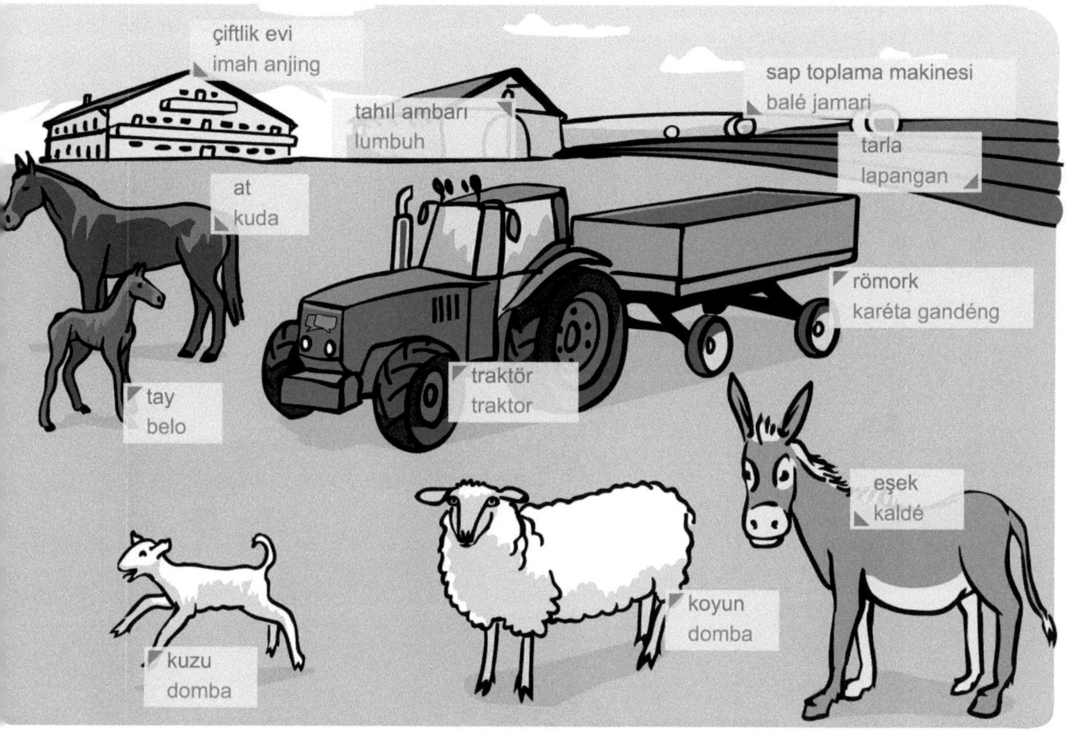

çiftlik evi
imah anjing

tahıl ambarı
lumbuh

sap toplama makinesi
balé jamari

tarla
lapangan

at
kuda

römork
karéta gandéng

tay
belo

traktör
traktor

eşek
kaldé

kuzu
domba

koyun
domba

keçi
embé

inek
sapi

buzağı
bitis

domuz
bagong

domuz yavrusu
babi

boğa
banténg

kaz
soang

ördek
éntog

civciv
pitik

tavuk
hayam

horoz
hayam jago

sıçan
beurit

kedi
ucing

fare
beurit

öküz
sapi

köpek
anjing

köpek kulübesi
imah anjing

bahçe hortumu
selang

sulama kabı
kaléng nyiram

tırpan
arit panjang

pulluk
ngabajak

çiftlik - pertanian

orak
arit

çapa
pacul

dirgen
garpuh jukut

balta
kapak

el arabası
gorobah

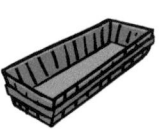
yemlik
palung

süt kovası
kaléng susu

çuval
karung

çit
pager

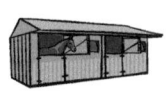
ahır
kandang

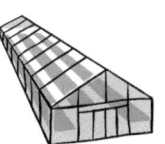
sera
imah kaca

toprak
taneuh

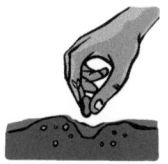
tohum
benih

gübre
pupuk

biçerdöver
mesin permén

çiftlik - pertanian

hasat etmek
panén

harman
panén

tatlı patates
yams

buğday
gandum

soya
kedelé

patates
kentang

mısır
jagong

kolza
lobak

meyve ağacı
tangkal buah

manyok
sampeu

hububat
séréal

çiftlik - pertanian

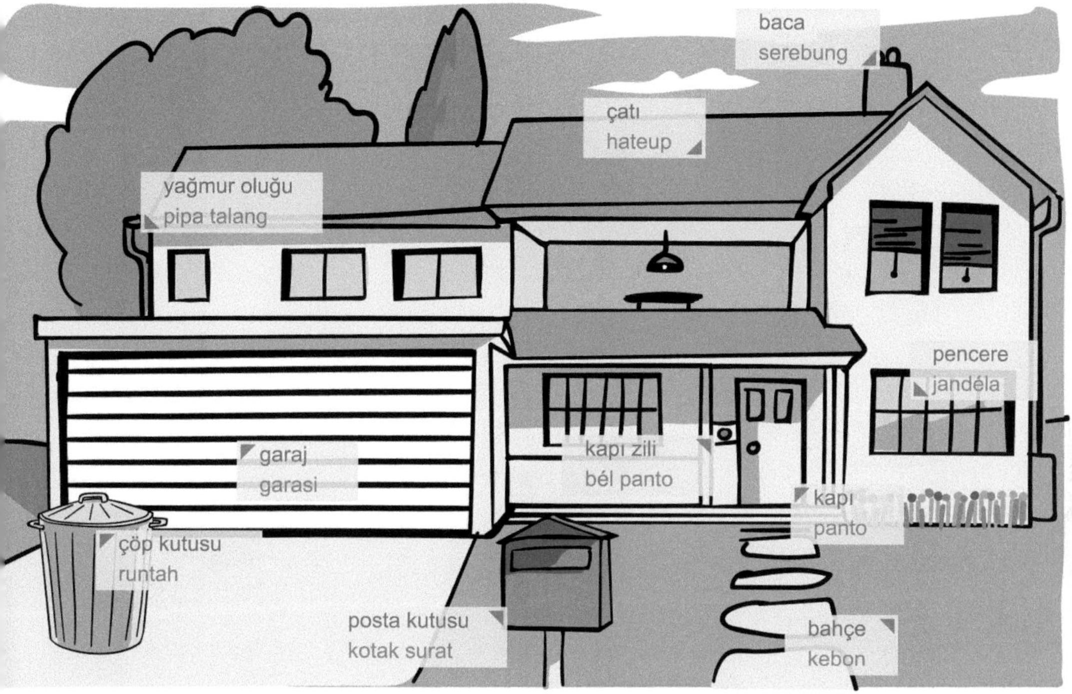

ev
imah

- baca / serebung
- çatı / hateup
- yağmur oluğu / pipa talang
- pencere / jandéla
- garaj / garasi
- kapı zili / bél panto
- kapı / panto
- çöp kutusu / runtah
- posta kutusu / kotak surat
- bahçe / kebon

oturma odası
rohang tamu

banyo
kamar ibak

mutfak
dapur

yatak odası
pangkéng

çocuk odası
kamar budak

yemek odası
kamar makan

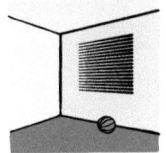
zemin
téhel

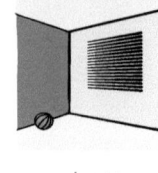
duvar
tembok

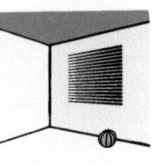
tavan
hateup

kiler
gudang di handap imah

sauna
sauna

balkon
balkon

teras
tepas

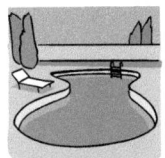
havuz
kolam renang

çim biçme makinesi
mesin pamotong jukut

çarşaf
sepré

yatak örtüsü
simbut

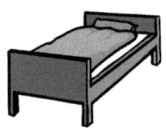
yatak
ranjang

süpürge
sapu

kova
émbér

anahtar
tombol

ev - imah

oturma odası
rohang tamu

- duvar kağıdı / kertas tembok
- resim / gambar
- lamba / lampu
- raf / rak
- dolap / kabinét
- şömine / hawu
- televizyon / télévisi
- çiçek / kembang
- minder / bantal
- vazo / vas
- kanepe / sofa
- uzaktan kumanda / kadali jauh

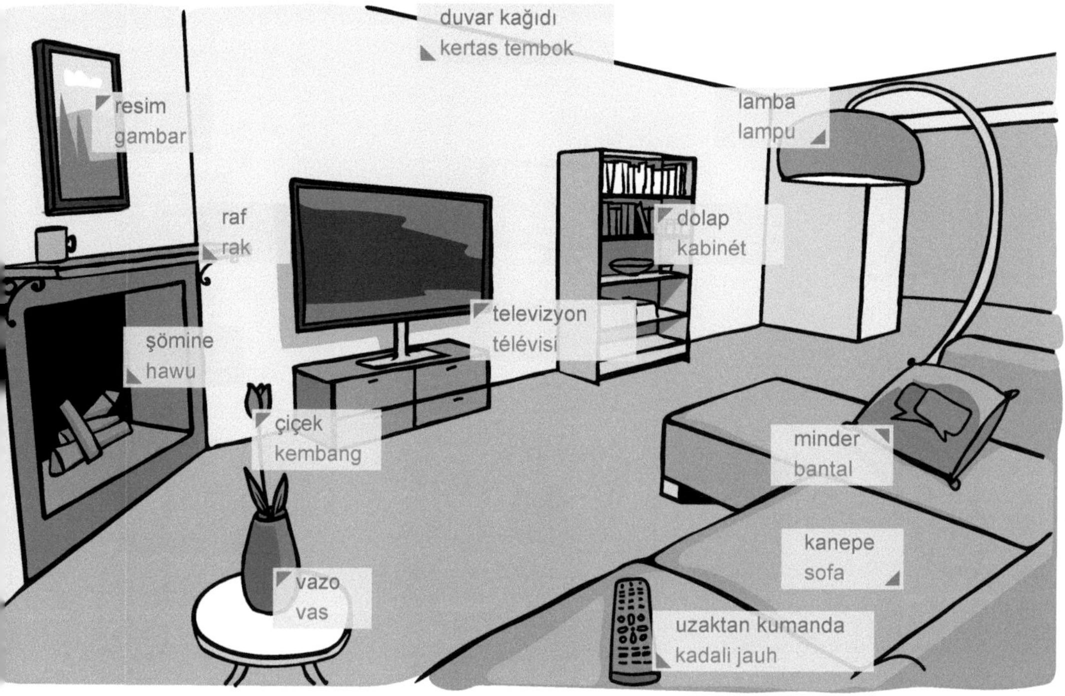

halı
karpét

perde
hordéng

masa
meja

sandalye
korsi

salıncaklı koltuk
korsi goyang

koltuk
korsi malas

oturma odası - rohang tamu

kitap
buku

battaniye
simbut

dekor
dékorasi

odun
suluh

film
pilem

hi-fi
hi-fi

anahtar
konci

gazete
surat kabar

tablo
lukisan

poster
poster

radyo
radio

defter
buku tulis

elektrikli süpürge
panyedot kebul

kaktüs
kaktus

mum
lilin

oturma odası - rohang tamu

mutfak
dapur

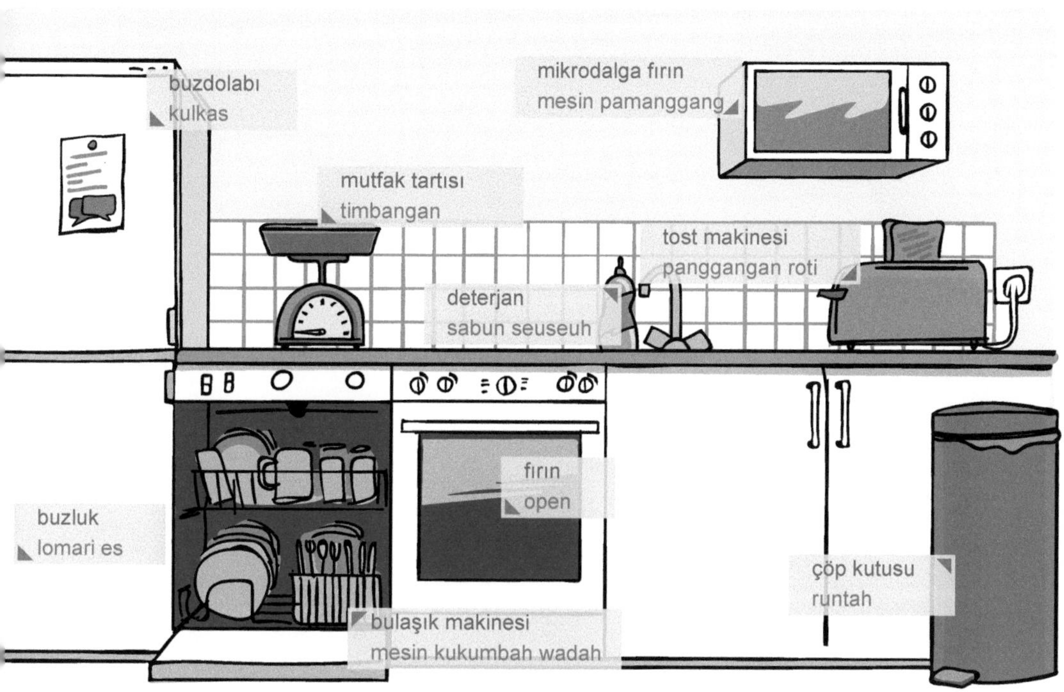

- buzdolabı / kulkas
- mikrodalga fırın / mesin pamanggang
- mutfak tartısı / timbangan
- tost makinesi / panggangan roti
- deterjan / sabun seuseuh
- fırın / open
- buzluk / lomari es
- çöp kutusu / runtah
- bulaşık makinesi / mesin kukumbah wadah

ocak
kompor

tencere
panci

döküm tencere
panci beusi

wok
katél

tava
panci

su ısıtıcı
citél

mutfak - dapur

buharlı pişirici
langseng

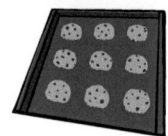

pişirme tepsisi
baki

tabak takımı
piring

kupa
cangkir

kase
mangkok

çubuk (çin yemeği)
sumpit

kepçe
sendok sop

spatula
sérok

çırpma teli
pangocok

süzgeç
ayakan

elek
saringan

rende
parutan

havan
mortar

barbekü
daging bakar

açık ateş
suluh

mutfak - dapur

kesme tahtası
papan pamotong

merdane
gilingan

tirbüşon
alat pambuka tutup botol

konserve kutusu
kaléng

konserve açacağı
pambuka kaléng

fırın eldiveni
gagang panci

evye
tilelep

fırça
sikat

sünger
busa

blender
blénder

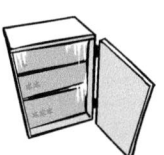

derin dondurucu
lomari es

biberon
botol orok

musluk
keran

mutfak - dapur

banyo
kamar ibak

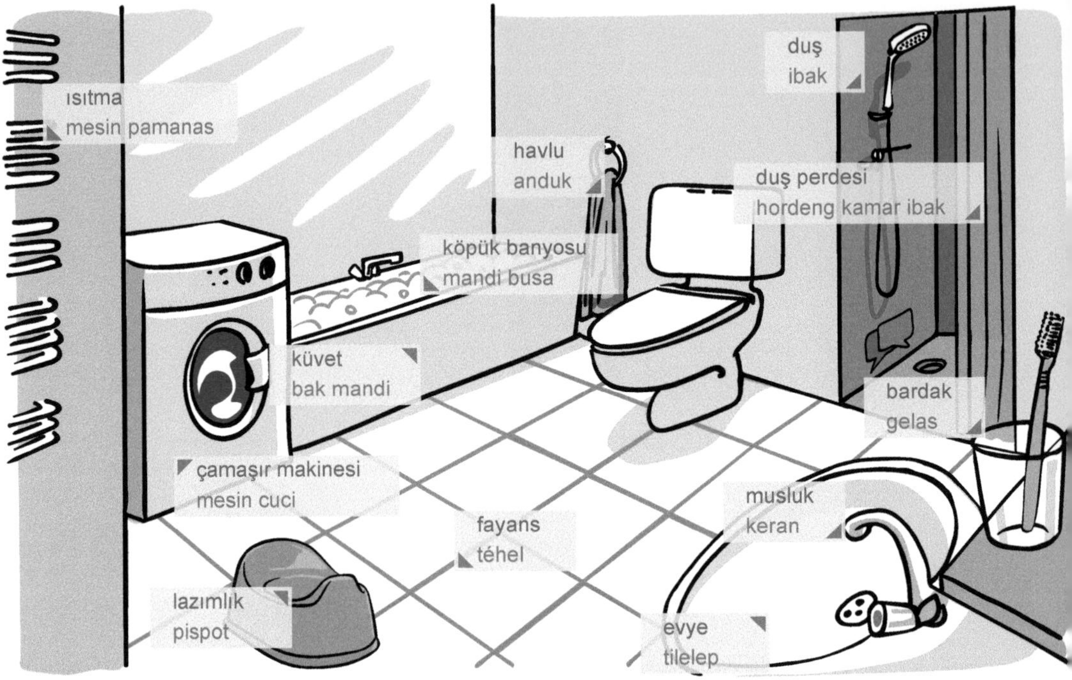

- ısıtma / mesin pamanas
- duş / ibak
- havlu / anduk
- duş perdesi / hordeng kamar ibak
- köpük banyosu / mandi busa
- küvet / bak mandi
- bardak / gelas
- çamaşır makinesi / mesin cuci
- musluk / keran
- fayans / téhel
- lazımlık / pispot
- evye / tilelep

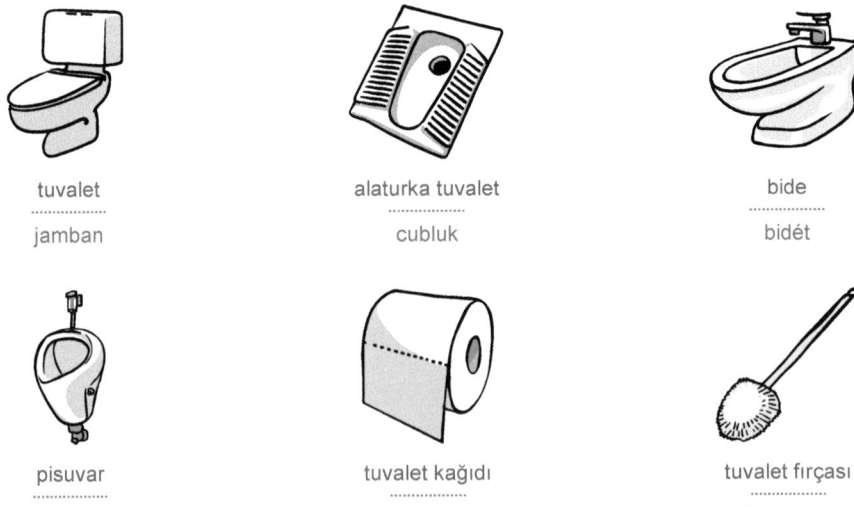

| tuvalet | alaturka tuvalet | bide |
| jamban | cubluk | bidét |

| pisuvar | tuvalet kâğıdı | tuvalet fırçası |
| urinal | kertas jamban | sikat jamban |

banyo - kamar ibak

diş fırçası
sikat huntu

diş macunu
odol

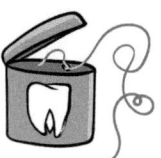

diş ipi
benang gigi

yıkamak
nyeuseuh

duş başlığı
kokocoran leungeun

duş başlığı şeklinde taharet musluğu
kukucuran

küvet
bak

banyo fırçası
panyikat tonggong

sabun
sabun

duş jeli
gel ibak

şampuan
sampo

banyo lifi
planél

gider
nguras

krem
krim

deodorant
déodoran

banyo - kamar ibak

ayna
eunteung

el aynası
eunteung leungeun

jilet
péso cukur

tıraş köpüğü
busa cukur

tıraş losyonu
krim cukur

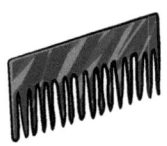
tarak
sisir

fırça
sikat

saç kurutma makinesi
alat panggaring rambut

saç spreyi
semprotan rambut

makyaj
pangrias beungeut

ruj
lipstik

tırnak cilası
cét kuku

pamuk
kapas

tırnak makası
gunting kuku

parfüm
minyak seungit

banyo - kamar ibak

makyaj çantası
kantong seuseuh

tabure
bangku

tartı
timbangan

bornoz
baju mandi

lastik eldiven
sarung tangan karét

tampon
sampon

kadın pedi
handuk pembalut

kimyevi tuvalet
jamban kimia

banyo - kamar ibak

çocuk odası
kamar budak

çalar saat / jam alarem

peluş oyuncak / boneka

oyuncak araba / momobilan

çıngırak / kelintung

bebek evi / imah bonéka

hediye / kado

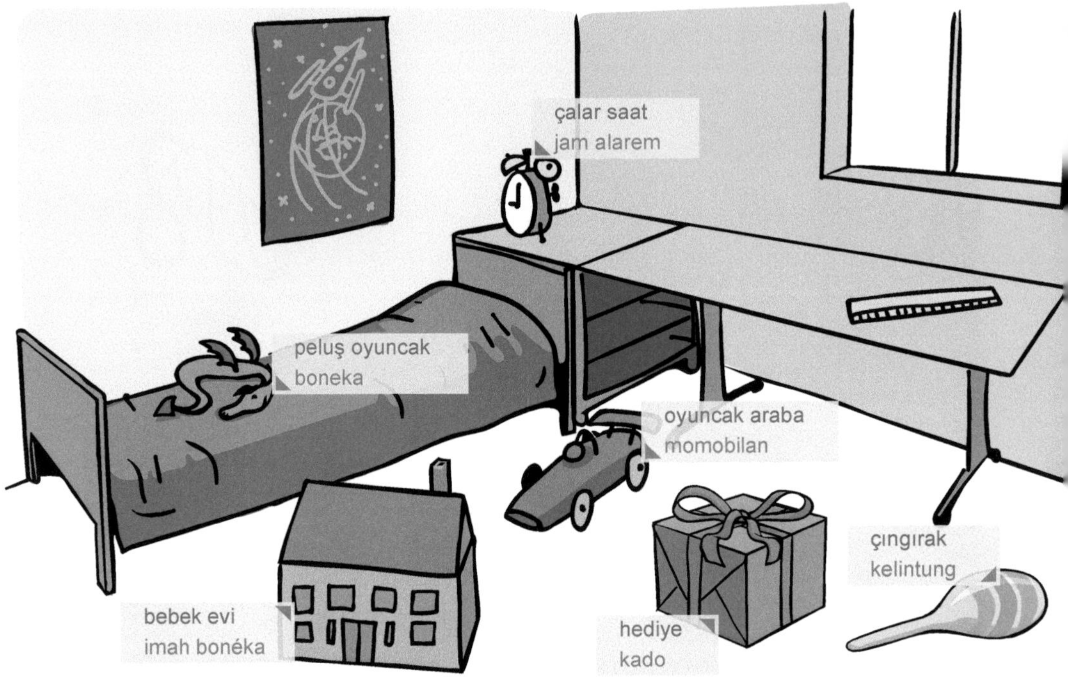

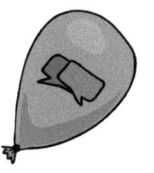

balon
balon

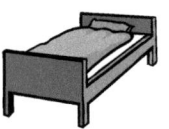

yatak
ranjang

bebek arabası
karéta orok

kart destesi
kartu

yapboz
tatarucingan

çizgi roman
komik

çocuk odası - kamar budak

lego tuğlaları
kaulinan lego

lego blokları
kaulinan bentuk blok

aksiyon figürü
figur tokoh

zıbın
baju budak

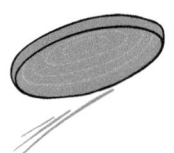
frizbi
frisbee

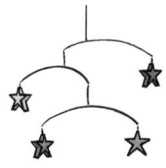
dönence
mobile

masa oyunu
papan gim

zar
dadu

model tren seti
set model kareta api

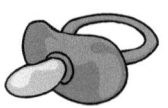
emzik
endot

parti
pihak

resimli kitap
buku gambar

top
bal

oyuncak bebek
bonéka

oynamak
ulin

çocuk odası - kamar budak

kum havuzu

wadah pasir maénan

salıncak

ayunan

oyuncaklar

kaulinan

video oyun konsolu

video gim konsol

üç tekerlekli bisiklet

sapedah roda tilu

oyuncak ayı

bonéka beruang

gardırop

lomari baju

kıyafet
acuk

çorap

kaos kaki

külotlu çorap

kaos kaki

tayt

baju ketat

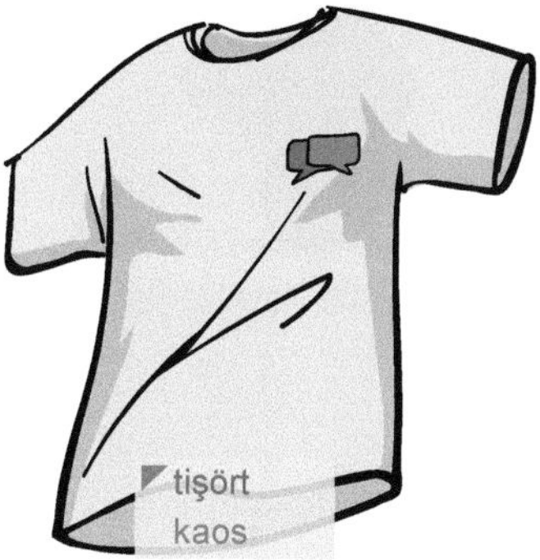

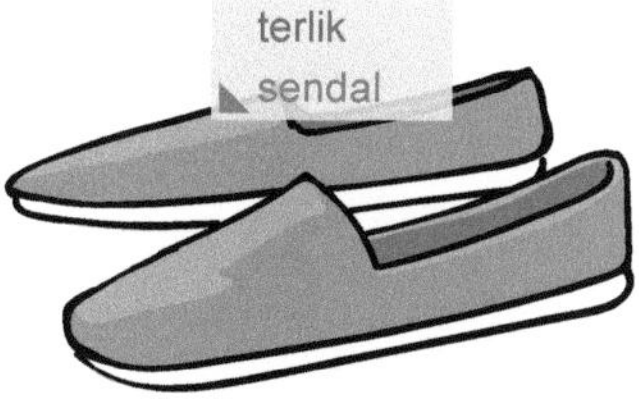

eşarp
syal

kemer
beubeur

şemsiye
payung

tişört
kaos

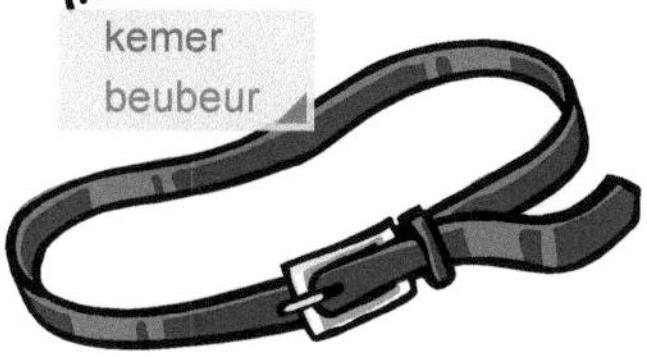

bot
sapatu bot

spor ayakkabı
sapatu

terlik
sendal

sandalet
sendal

ayakkabı
sapatu

lastik çizme
sapatu bot karét

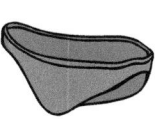

külot
cangcut

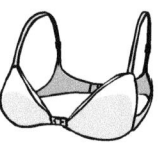

sütyen
kutang

yelek
baju rompi

kıyafet - acuk

dar bluz
awak

pantolon
calana

kot pantolon
jins

etek
rok

bluz
blus

gömlek
kaméja

kazak
jakét tiung

süveter
baju haneut

blazer
jakét

ceket
jakét

mont
jakét

yağmurluk
jas hujan

kostüm
kostum

elbise
gaun

gelinlik
gaun pangantén

kıyafet - acuk

takım elbise
baju resmi

gecelik
baju saré

pijama
piyama

sari
sari

baş örtüsü
tiung

türban
turban

burka
burka

kaftan
kaftan

çarşaf
abaya

mayo
baju renang

erkek mayosu
calana renang

şort
calana péndék

eşofman
orang raga

önlük
celemék

eldiven
sarung tangan

düğme
kancing

gözlük
kaca soca

bilezik
gelang

kolye
kongkorong

yüzük
ali

küpe
giwang

kep
topi

portmanto
gantungan jakét

şapka
topi

kravat
dasi

fermuar
risléting

kask
hélem

pantolon askısı
tali salémpang

okul forması
saragam sakola

üniforma
saragam

kıyafet - acuk

mama önlüğü
apron orok

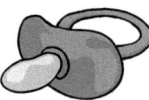
emzik
endot

bebek bezi
popok

ofis
kantor

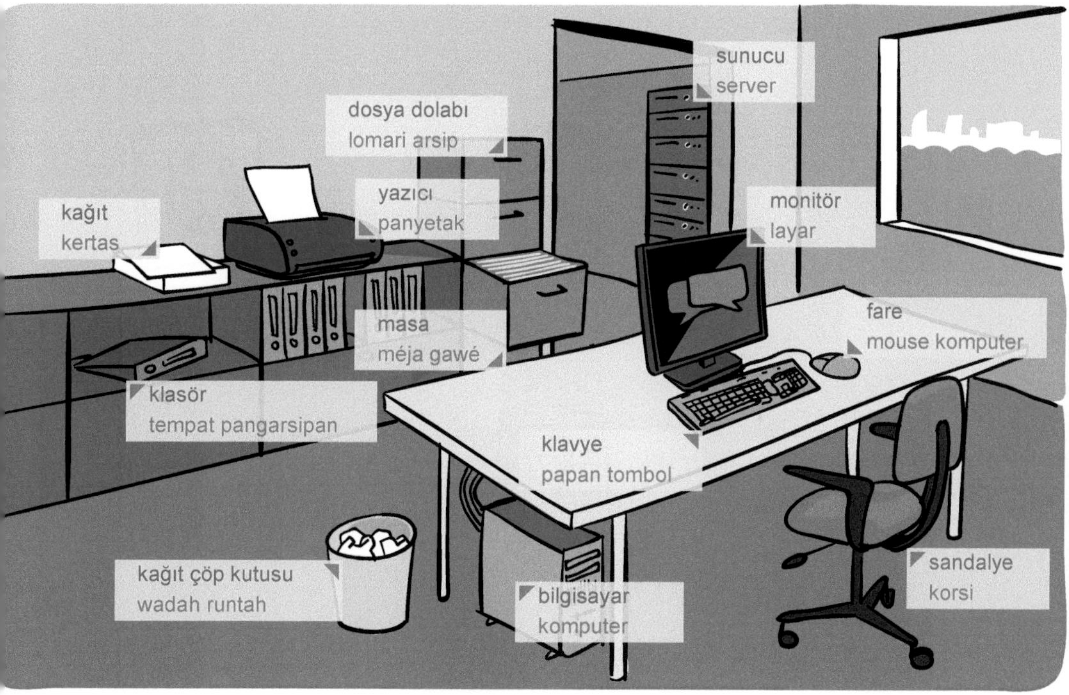

- sunucu / server
- dosya dolabı / lomari arsip
- kağıt / kertas
- yazıcı / panyetak
- monitör / layar
- masa / méja gawé
- fare / mouse komputer
- klasör / tempat pangarsipan
- klavye / papan tombol
- kağıt çöp kutusu / wadah runtah
- bilgisayar / komputer
- sandalye / korsi

kahve fincanı
cangkir kopi

hesap makinesi
kalkulator

internet
internét

dizüstü
laptop

mektup
surat

mesaj
pesen

cep telefonu
telpon sélulér

ağ
jaringan

fotokopi makinesi
fotokopi

yazılım
software

telefon
telpon

priz
plug sokét

faks makinesi
mesin fax

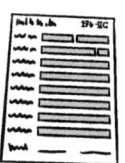
form
formulir

belge
dokumén

ekonomi
ekonomi

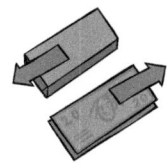
satın almak
mésér

ödemek
mayar

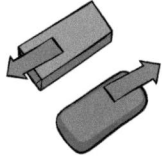
ticaret yapmak
dagang

para
artos

dolar
dollar

avro
euro

yen
yen

ruble
rubel

İsviçre frangı
Franc swiss

Çin yuanı
renminbi yuan

rupi
rupiah

kasa
ATM

ekonomi - ékonomi

döviz bürosu
kantor pertukaran mata uang

altın
emas

gümüş
pérak

petrol
minyak

enerji
énérgi

fiyat
harga

kontrat
kontrak

vergi
pajak

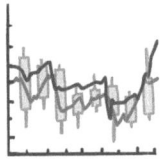

menkul değer
saham

çalışmak
gawé

işveren
karyawan

işçi
dunungan

fabrika
pabril

mağaza
toko

ekonomi - ékonomi

meslekler
pagawéan

polis memuru
petugas pulisi

itfaiyeci
pemadam kebakaran

aşçı
koki

doktor
dokter

pilot
pilot

bahçıvan
tukan kebon

marangoz
tukang kai

terzi
tukang jait awéwé

hakim
hakim

kimyager
ahli kimia

aktör
aktor

meslekler - pagawéan

otobüs şoförü
sopir beus

taksi şoförü
sopir taksi

balıkçı
nalayan

temizlikçi
pembantu

çatı ustası
tukang hateup

garson
badega

avcı
tukang muru

boyacı
pelukis

fırıncı
tukang roti

elektrikçi
tukang listrik

inşaatçı
tukang bangun

mühendis
insinyur

kasap
tukang daging

muslukçu
tukang pipa

postacı
tukang pos

asker
tentara

mimar
arsiték

kasiyer
kasir

çiçekçi
tukang kembang

kuaför
tukang salon

kondüktör
konduktor

tamirci
tukang méngkél

kaptan
kaptén

dişçi
dokter gigi

bilim insanı
ilmuwan

haham
rabbi

imam
imam

keşiş
biarawan

rahip
pendéta

aletler
alat

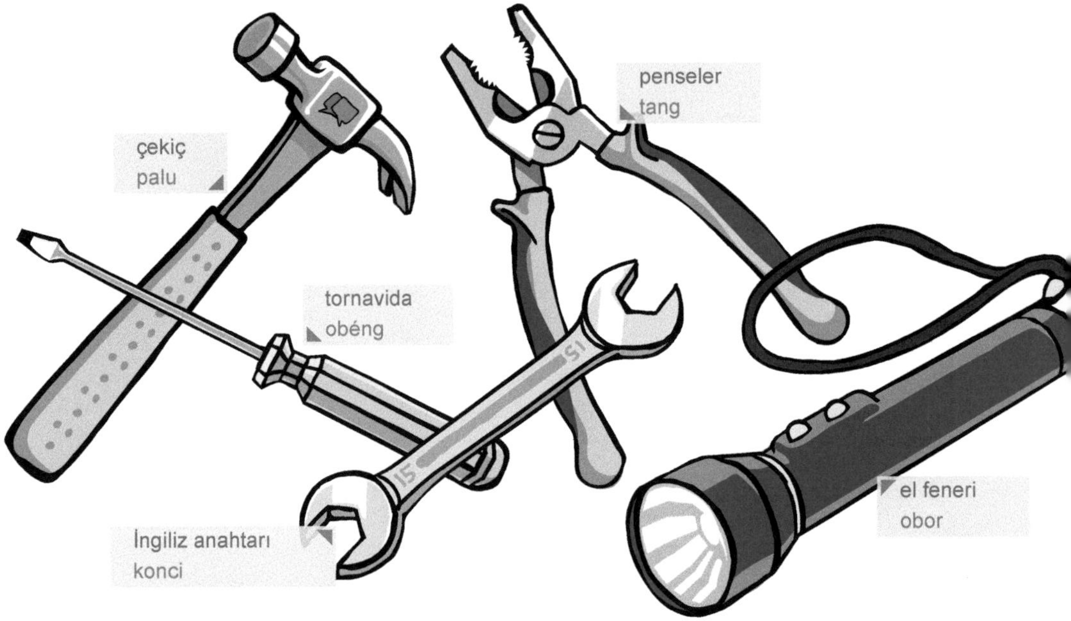

çekiç
palu

penseler
tang

tornavida
obéng

İngiliz anahtarı
konci

el feneri
obor

kazı makinesi
panggali

alet çantası
kantong parkakas

merdiven
tangga

testere
ragaji

çiviler
paku

matkap
bor

tamir etmek
ngabenerkeun

kürek
sekop

Kahretsin!
Kéhéd!

faraş
pengki

boya tenekesi
pot cét

vidalar
sekrup bor

müzik enstrümanı
alat musik

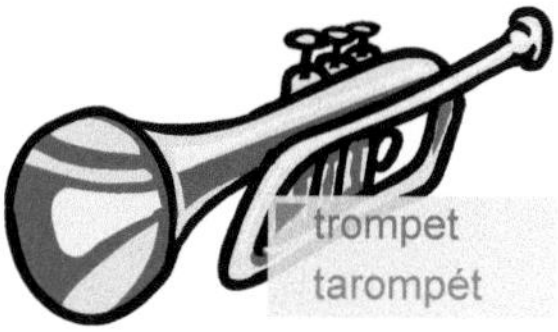

- kontrbas / bas
- bateri seti / alat dreum
- hoparlör / spiker
- trompet / tarompét
- gitar / gitar

piyano
piano

keman
violin

basgitar
bas

timpani
tambur

bateri
dreum

klavye
keyboard

saksafon
saksofon

flüt
suling

mikrofon
mikrofon

müzik enstrümanı - alat musik

hayvanat bahçesi
kebon binatang

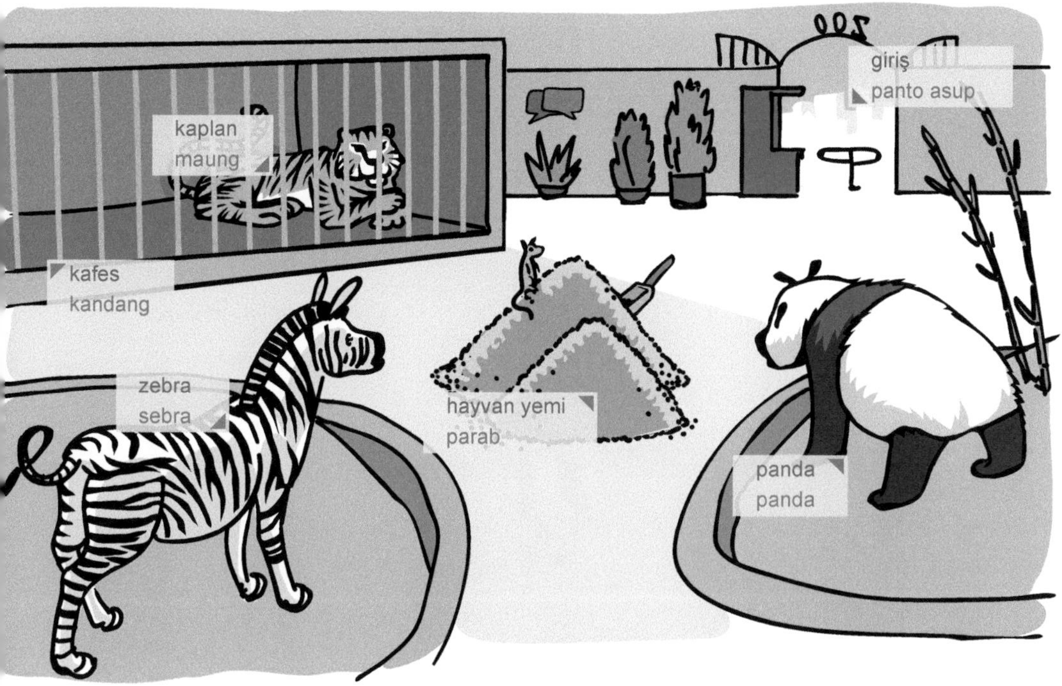

giriş
panto asup

kaplan
maung

kafes
kandang

zebra
sebra

hayvan yemi
parab

panda
panda

hayvanlar
sato

fil
gajah

kanguru
kanguru

gergedan
badak

goril
gorila

ayı
biruang

deve
onta

deve kuşu
manuk onta

aslan
singa

maymun
monyét

flamingo
flamingo

papağan
manuk béo

kutup ayısı
biruang polar

penguen
penguin

köpek balığı
hiu

tavus kuşu
merak

yılan
oray

timsah
buaya

hayvanat bahçesi görevlisi
tukang jaga kebon binatang

fok
anjing laut

jaguar
jaguar

hayvanat bahçesi - kebon binatang

midilli atı	leopar	su aygırı
kuda poni	macan tutul	kuda nil

zürafa	kartal	yaban domuzu
jerapah	heulang	bagong

balık	kaplumbağa	mors
lauk	kuya	anjing laut

tilki	ceylan
robah	kijang

hayvanat bahçesi - kebon binatang

sporlar
olahraga

amerikan futbolu
sepak bola Amérika

bisiklete binme
sasapédahan

tenis
ténis

basketbol
baskét

yüzme
renang

boks
tinju

buz hokeyi
hoki és

futbol
sépak bola

badminton
badminton

atletizm
atletik

hentbol
bola tangan

kayak
ski

polo
polo

sporlar - olahraga

etkinlikler
aktivitas

- atlamak / ngaganjleng
- gülmek / seuri
- sarılmak / nangkeup
- yürümek / leumpang
- söylemek / nyanyi
- hayal etmek / ngimpén
- dua etmek / ngadoa
- öpmek / nyium

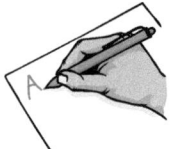

yazmak
nyerat / nulis

çizmek
ngalukis

göstermek
ningalikeun

itmek
ngadorong

vermek
méré

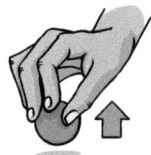

almak
mawa

sahip olmak
boga

yapmak
ngalakukeun

olmak
nya éta

ayakta durmak
tatih

koşmak
lumpat

çekmek
narik

atmak
malédog

düşmek
ragrag

yalan söylemek
saré

beklemek
nungguan

taşımak
nyandak

oturmak
diuk

giyinmek
anggé acuk

uyumak
saré

uyanmak
hudang

bakmak
ningali

ağlamak
méwék

vurmak
ngusapan

taramak
nyisir

konuşmak
nyarita

anlamak
ngarti

sormak
naros

dinlemek
ngadéngé

içmek
nginum

yemek
dahar

düzenlemek
bébérés

sevmek
bogoh

pişirmek
masak

sürmek
nyetir

uçmak
hiber

etkinlikler - aktivitas

denize açılmak
balayar

hesapla
ngitung

okumak
maca

öğrenmek
diajar

çalışmak
gawé

evlenmek
kawin

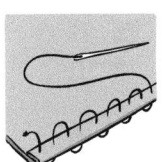
dikmek
ngajait

diş fırçalamak
sikat huntu

öldürmek
maéhan

sigara içmek
ngarokok

yollamak
ngirim

etkinlikler - aktivitas

aile
kulawarga

- büyükanne / nini
- büyükbaba / aki
- baba / bapak
- anne / emak
- bebek / orok
- kız / budak awéwé
- oğul / budak lalaki

misafir
tamu

teyze
bibi

amca
emang

erkek kardeş
aa

kız kardeş
tétéh

aile - kulawarga

vücut
awak

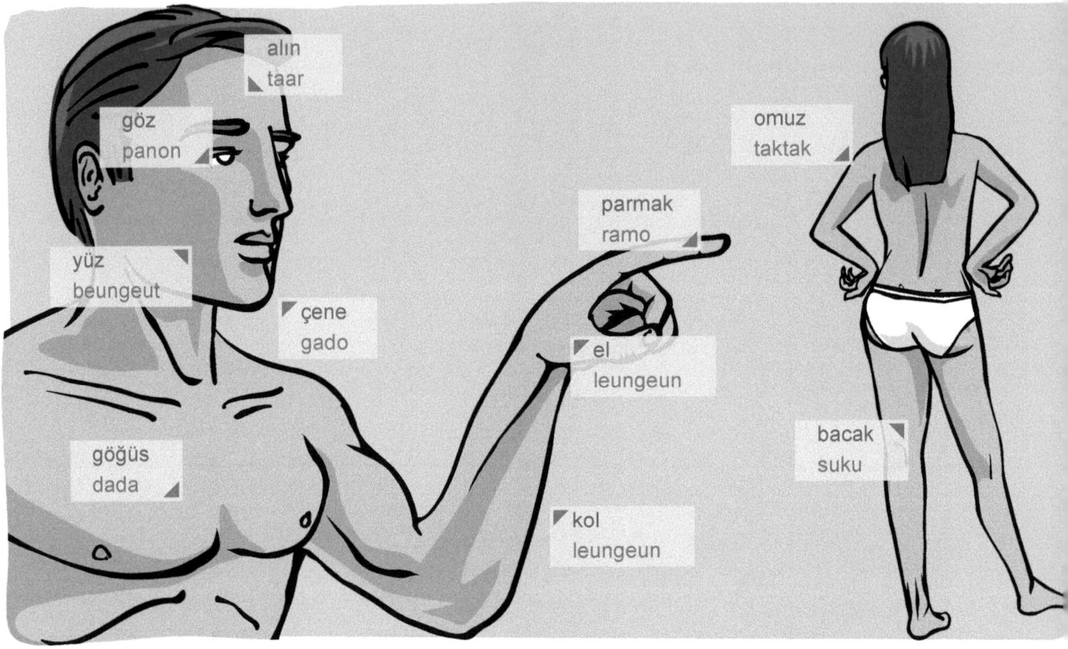

- alın / taar
- göz / panon
- yüz / beungeut
- çene / gado
- göğüs / dada
- parmak / ramo
- el / leungeun
- kol / leungeun
- omuz / taktak
- bacak / suku

bebek
orok

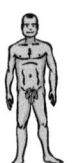

adam
lalaki

kadın
awéwé

kız
awéwé

erkek çocuk
lalaki

baş
sirah

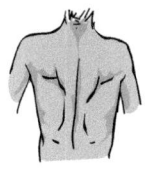

sırt
tonggong

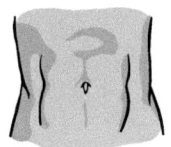

karın
beuteung

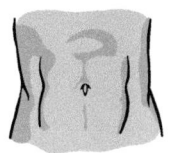

göbek
bujal

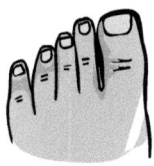

ayak parmağı
jempol

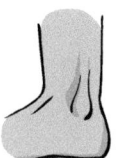

topuk
keuneung

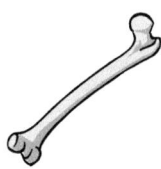

kemik
tulang

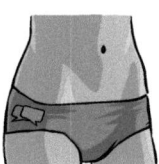

kalça
cangkéng

diz
tuur

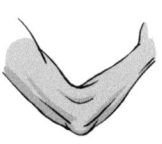

dirsek
sikut

burun
irung

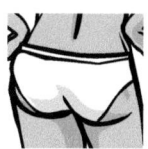

kalça
bujur

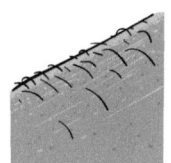

deri
kulit

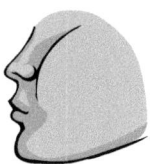

yanak
pipi

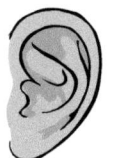

kulak
ceuli

dudak
biwir

vücut - awak

ağız
baham

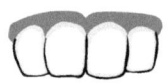

diş
huntu

dil
létah

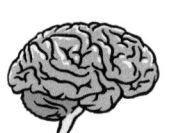

beyin
uteuk

kalp
haté

kas
otot

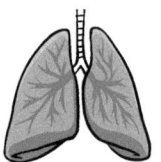

akciğer
bayah

karaciğer
ati

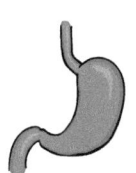

mide
lambung

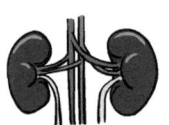

böbrekler
ginjal

seks
sapatemon

prezervatif
kondom

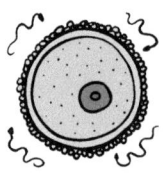

yumurtalık
sél telur

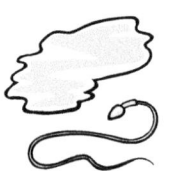

sperm
spérma

hamilelik
kakandungan

vücut - awak

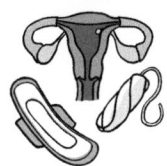

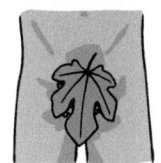

regl	vajina	penis
haid	heunceut	sirit

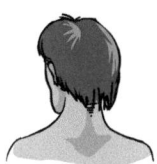

kaş	saç	boyun
halis	buuk	beuheung

vücut - awak

hastane
rumah sakit

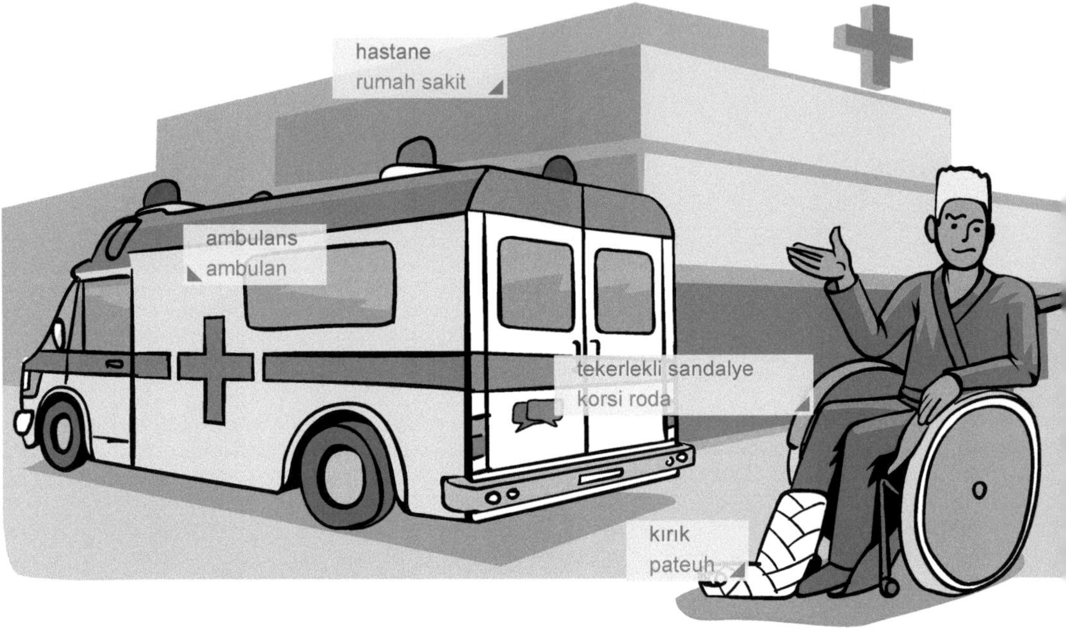

- hastane / rumah sakit
- ambulans / ambulan
- tekerlekli sandalye / korsi roda
- kırık / pateuh

doktor
dokter

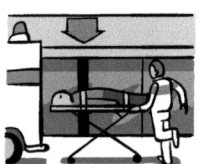

acil servis
rohang darurat

hemşire
parawat

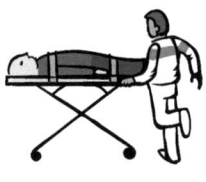

acil
darurat

baygın
pingsan

acı
nyeri

yaralanma
tatu

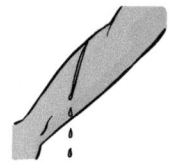
kanama
ngaluarkeun getih

kalp krizi
jantungan

felç
strok

alerji
alérgi

öksürük
batuk

ateş
muriang

grip
salésma

ishal
birit

baş ağrısı
rieut

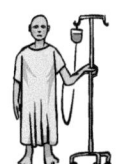
kanser
kanker

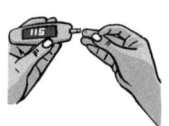
şeker hastalığı
diabétés

cerrah
ahli bedah

neşter
péso bedah

operasyon
operasi

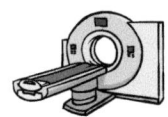
bilgisayarlı tomografi
CT

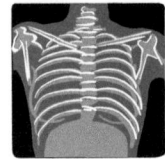
röntgen
sinar x

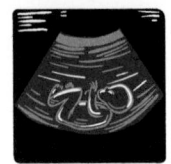
ultrason
usg

yüz maskesi
topéng

hastalık
panyakit

bekleme odası
rohang tunggu

koltuk değneği
pangrojong

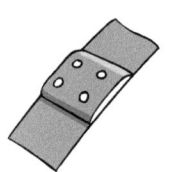
yara bandı
paléstér

bandaj
perban

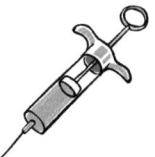
enjeksiyon
injéksi

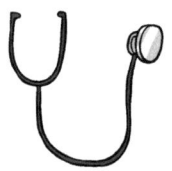
steteskop
stétoskop

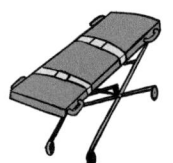
sedye
tandu

tıbbi termometre
termométer klinis

doğum
kalahiran

fazla kilo
obésitas

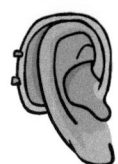
işitme cihazı
alat bantu dédéngéan

dezenfektan
désinféktan

enfeksiyon
inféksi

virüs
virus

HIV / AIDS
HIV / AIDS

ilaç
obat

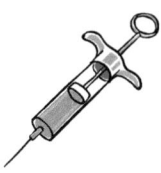
aşı
vaksinasi

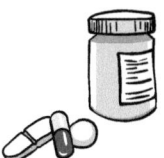
tablet
tablét

hap
pil

acil çağrı
panggilan darurat

tansiyon aleti
ngukur ténsi

hasta / sağlıklı
gering / séhat

acil
darurat

İmdat!	 alarm	 darp
Tulung!	alarem	gangguan
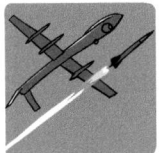 saldırı	 tehlike	 acil çıkış
narajang	bahaya	panto darurat
Yangın!	 yangın tüpü	 kaza
Seuneu!	alat pemadam kabakaran	kacilakaan
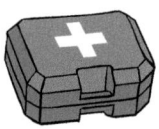 ilk yardım çantası	 imdat	 polis
kotak P3K	SOS	pulisi

dünya
Bumi

Avrupa
Eropa

Kuzey Amerika
Amérika Utara

Güney amerika
Amérika Selatan

Afrika
Afrika

Asya
Asia

Avustralya
Australi

Atlantik
Atlantik

Pasifik
Pasifik

Hint Okyanusu
Samudra Hindia

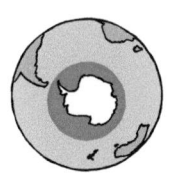
Antarktika Okyanusu
Samudra Antartika

Arktik Okyanusu
Samudra Arktik

Kuzey Kutbu
Kutub Utara

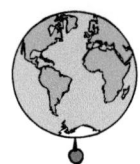  

Güney Kutbu	Antarktika	dünya
Kutub Selatan	Antartika	Bumi

kara	deniz	ada
tanah	laut	pulau

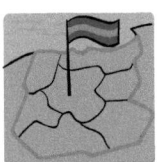 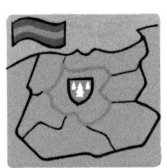

ulus	ülke
bangsa	nagara

dünya - Bumi

saat
jam

kadran
jam wajah

akrep
jarum péndék

yelkovan
jarum menit

saniye ibresi
jarum detik

Saat kaç?
Tabuh sabaraha?

gün
poé

zaman
waktos

şimdi
ayeuna

dijital saat
jam digital

dakika
menit

saat
jam

hafta
minggu

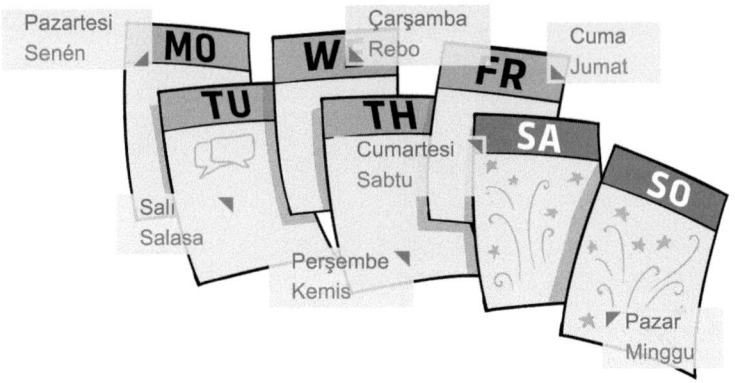

Pazartesi / Senén — MO
Salı / Salasa — TU
Çarşamba / Rebo — W
Perşembe / Kemis — TH
Cuma / Jumat — FR
Cumartesi / Sabtu — SA
Pazar / Minggu — SO

dün
kamari

bugün
dinten ayeuna

yarın
énjing

sabah
énjing-énjing / isuk-isuk

öğle
siang

akşam
peuting

iş günleri
poé gawé

hafta sonu
akhir minggu

yıl

taun

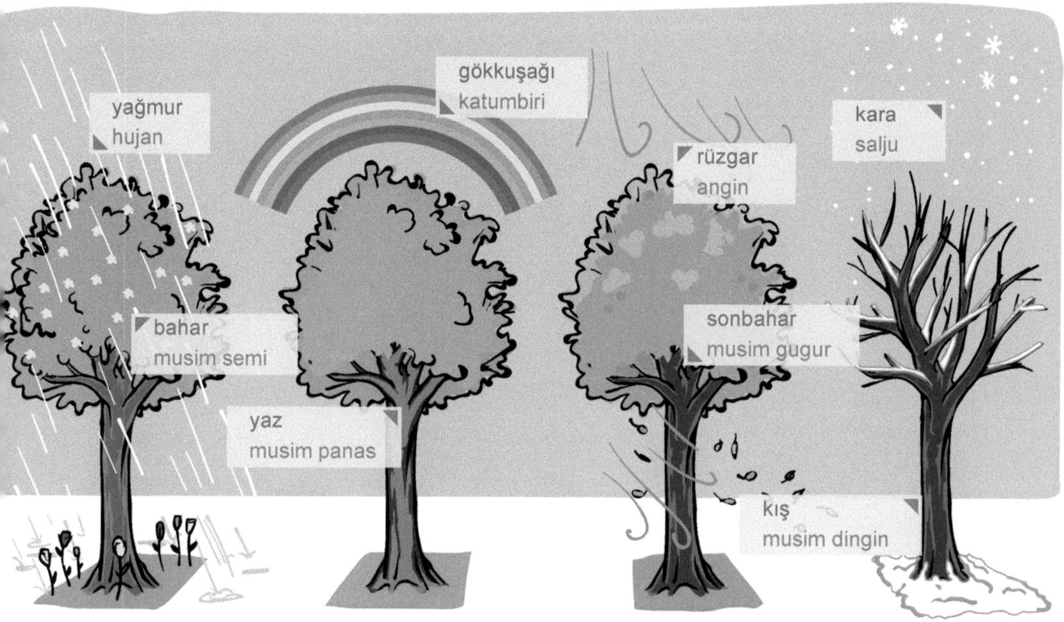

yağmur
hujan
gökkuşağı
katumbiri
rüzgar
angin
kara
salju
bahar
musim semi
yaz
musim panas
sonbahar
musim gugur
kış
musim dingin

4.APRIL 11°
5.APRIL 4°
6.APRIL 13°
7.APRIL 8°
8.APRIL 10°

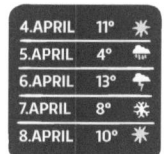

hava durumu tahmini

ramalan cuaca

F C
120 40
90 30
60 20
30 10
0 0
-30 -10
-20

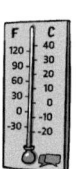

termometre

térmométer

güneş ışığı

panon poé

bulut

awan

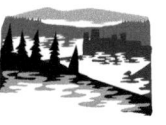

sis

pepedut

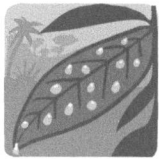

nem

kelembaban

şimşek
gelap

gök gürültüsü
guntur

fırtına
badai

dolu
hujan és

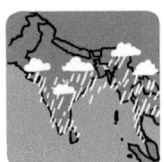

muson
angin muson

sel
caah

buz
és

Ocak
Januari

Şubat
Pébruari

Mart
Maret

Nisan
April

Mayıs
Mei

Haziran
Juni

Temmuz
Juli

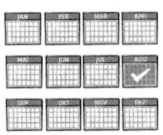

Ağustos
Agustus

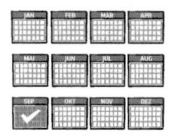

Eylül
Séptémber

Ekim
Oktober

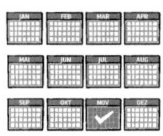

Kasım
Nopémber

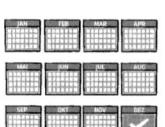

Aralık
Désémber

şekiller
bentuk

daire
buleudan

kare
persegi

dikdörtgen
persegi panjang

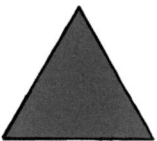

üçgen
segi tiga

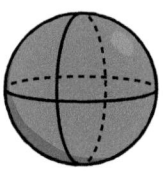

küre
bola

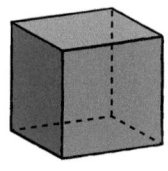

küp
kubus

renkler
warna-warna

beyaz
bodas

sarı
konéng

turuncu
oranyeu

pembe
kayas

kırmızı
beureum

mor
bungur

mavi
bulao

yeşil
héjo

kahverengi
coklat

gri
abu-abu

siyah
hideung

zıt anlamlılar
sabalikna

çok / az
loba / saeutik

kızgın / sakin
ambek / kalem

güzel / çirkin
geulis / goreng

başlangıç / son
ngamimitian / réngsé

büyük / küçük
gedé / leutik

parlak / karanlık
caang / poék

erkek kardeş / kız kardeş
dulur lalaki / dulur awéwé

temiz / kirli
bersih / kotor

tamam / eksik
lengkep / teu lengkep

gün / gece
poé / peuting

ölü / canlı
paéh / hirup

geniş / dar
lega / heureut

yenilebilir / yenilemez

bisa didahar / teu bisa didahar

kötü / iyi

jahat / bageur

heyecanlı / sıkılmış

sumanget / bosen

şişman / zayıf

badag / begang

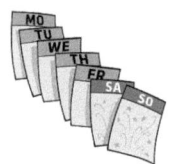

ilk / son

kahiji / terakhir

dost / düşman

baturan / musuh

dolu / boş

pinuh / kosong

sert / yumuşak

heuras / lemes

ağır / hafif

beurat / hampang

açlık / susuzluk

kalaparan / haus

hasta / sağlıklı

gering / séhat

yasa dışı / yasal

ilegal / legal

zeki / aptal

calakan / bodo

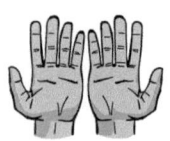

sol / sağ

kénca / katuhu

yakın / uzak

deukeut / jauh

zıt anlamlılar - sabalikna

yeni / kullanılmış

anyar / urut

hiçbir şey / bir şey

euweuh nanaon / aya nanaon

yaşlı / genç

kolot / ngora

açma / kapama

hurung / pareum

açık / kapalı

buka / tutup

sessiz / gürültülü

jempé / gandéng

zengin / fakir

beunghar / sangsara

doğru / yanlış

bener / salah

pürüzlü / düz

kasar / lemes

üzgün / mutlu

sedih / gumbira

kısa / uzun

pendék / panjang

yavaş / hızlı

alon / gancang

ıslak / kuru

baseuh / garing

sıcak / serin

haneut / tiis

savaş / barış

perang / damai

zıt anlamlılar - sabalikna

sayılar
angka-angka

0
sıfır
nol

1
bir
hiji

2
iki
dua

3
üç
tilu

4
dört
opat

5
beş
lima

6
altı
genep

7
yedi
tujuh

8
sekiz
dalapan

9
dokuz
salapan

10
on
sapuluh

11
on bir
sawelas

12
on iki
duawelas

13
on üç
tiluwelah

14
on dört
opatwelas

15
on beş
limawelas

16
on altı
genepwelas

17
on yedi
tujuhwelas

18
on sekiz
dalapanwelas

19
on dokuz
salapanwelas

20
yirmi
duapuluh

100
yüz
saratus

1.000
bin
sarébu

1.000.000
milyon
sajuta

sayılar - angka-angka

diller
basa-basa

İngilizce
Inggris

Amerikan İngilizcesi
basa Inggris Amerika

Çince (Mandarin)
basa Cina Mandarin

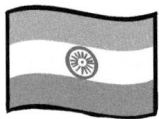

Hintçe
basa Hindi

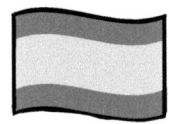

İspanyolca
basa Spanyol

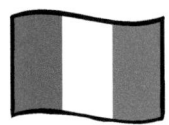

Fransızca
basa Perancis

Arapça
basa Arab

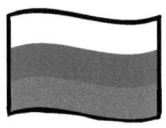

Rusça
basa Rusia

Portekizce
basa Portugis

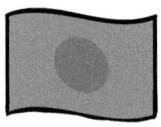

Bengalce
basa Bengal

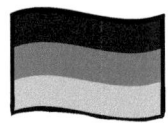

Almanca
basa Jerman

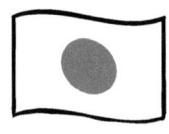

Japonca
basa Jepang

kim / ne / nasıl
saha / naon / kumaha

ben
urang

sen
manéh

o
anjeunna / manéhna

biz
arurang

siz
maranéh

onlar
aranjeunna / maranéhna

kim?
saha?

ne?
naon?

nasıl?
kumaha?

nerede?
di mana?

ne zaman?
iraha?

isim
wasta / ngaran

nerede
di mana

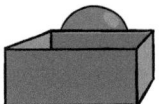

arkasında
di tukang

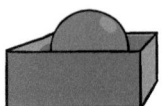

içinde
di

önünde
di hareup

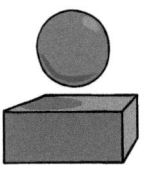

üzerinde
di luhureun

üstünde
di luhur

altında
di handapeun

yanında
di gigir

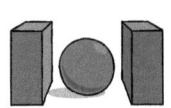

arasında
antawis

yer
tempat